文史哲詩叢20

婚姻有哭有笑有車子

一信著

文史哲出版社印行

國家圖書館出版品預行編目資料

婚姻有哭有笑有車子 / 一信著. -- 初版. -- 臺北市：文史哲，民85
面；　公分. --（文史哲詩叢；20）
ISBN 957-549-041-X (平裝)

851.486　　85012013

文史哲詩叢 ⑳

婚姻有哭有笑有車子

著　者：一　信
出版者：文史哲出版社
登記證字號：行政院新聞局局版臺業字五三三七號
發行人：彭　正　雄
發行所：文史哲出版社
台北市羅斯福路一段七十二巷四號
郵撥〇五一二八八一二彭正雄帳戶
電話：三五一一〇二八
印刷者：文史哲出版社

實價新台幣 一四〇元

中華民國八十五年十月初版

ISBN 959-547-041-X

婚姻有哭有笑有車子　目　錄

目錄

詩的牧野
——讀一信的《婚姻有哭有笑有車子》

／向明

「我寫詩是『我有話要說』，不是為了『要做詩人』或『要寫詩』才寫的。」在這文化墮落，物慾橫流，人人都在妄自尊大的今天，仍然有詩人敢於以這樣坦然的態度，宣言一己寫詩的心跡，這樣的詩人是值得尊敬，而且也是稀有的。我一讀到這兩句話，便為之雀躍不已。今世何世，還會有這樣可愛的詩人。

寫出這樣一段話的便是詩人「牧野的漢子」一信先生。他把他近五年內寫的詩，準備編成一個集子出版，並寫好了自序，要我也為他的詩說幾句話，算是老友間的相互砥勵。對於為同輩的人寫評寫序，一向是我的最怕，想想我乃何人，有何德能對早已成就非凡的同輩友人的作品說三道四？就是寫了，怕也起不了什麼錦上添花的作用，反而可能壞了人家的大事。但是當我讀到他「跋」中非常耀眼的這兩句話，我便像遇到知音一樣，覺得有義務為他這種不務虛名的精神，表達我衷心的感佩。

一信是詩壇的一員老將，早年曾經師承覃子豪先生學習寫詩。五〇年代即在《中華文藝》上發表作品。民國五十年即出版詩集《夜快車》。得過全國青年學藝競賽新詩獎。先後主編過《世界畫刊》、《中國詩刊》、青年作協會刊、詩人聯誼會會刊等文藝刊物。民國五十六年出版第二本詩集《時間》，余光中曾在序中稱他為「對時間特別敏感的詩人」。五年前出版第三本詩集《牧野的漢子》，青年詩人徐大曾讚譽那些詩具「豪」、「節」、「情」、「哲」四種境界。徐大是詩壇剛竄起的新星，也是一信的公子，對於自己父親的詩敢於這樣毫不避諱的讚美，當絕非親情的袒護，而是有幾分事實說幾分話的坦誠。由此可見一信一生對詩的貢獻，確實成就非凡。值得我們推崇。

詩是一種自我滿足，自我馳騁的心靈疆域，詩人作品的完成有他自己遵行的軌跡。有人採神祕主義手法，專作內斂式的探索挖掘，向靈魂深處進軍，常常處於一種混沌不明的矇矓境界。而其美也美在這種堪咀嚼，堪品味的費人神思。有人則大開大闔，毫不顧忌的讓人出入詩中，同喜同悲，同享世間的一切幸與不幸，其快感也就在這種不分彼此的享受中。一信是個很有原則的詩人，按他早期走入詩壇的背景，他很有資格和實力隨波逐流於當時流行的現代風，充當一個橫的移植的馬前卒。然而一信打一開始寫詩便有了自己獨特的選擇。他既沒有走進現代主義自戀式的專門關注自我的死胡同；也沒有投身現實主義徹底袒露自己的天體營。他始終堅持感性與知性並重，抒情性與現實性兼擅，傳統與現代並行不悖的詩風。他甚至呼籲詩人們要努力創作好的「中國的現代詩」，不必強調非要寫「現代的中國詩」服務。誠哉斯言，一信毋寧為我們的現代詩展望出一條穩重健康的路子。

一信在這本詩集中，一共收錄了六十首作品。存在意義的追尋和自我價值的提升，仍是他寫詩一貫追求的主題。這兩股力量的導引，時常激發他有話要說的衝動。這種發自潛意識，來自靈魂深處真實的語言，爆發出極強烈的人性意識，和自覺清醒的精神正義，更不時透露出反覆不停的消極無奈心情。一信和我輩上下同齡的詩人一樣，都曾歷劫生死，飽經憂患，遍嚐艱辛，而且都是庸庸碌碌的過了一輩子，對於過去種種的痛苦經驗，雖然熬到今天的鬚髮變色，兒孫繞膝，應該可以隨時間淡忘，但那種「令人戰慄的滋味」（字彬先生評語），卻是永生也揮之不去，褪之不盡，隨時在貼身糾纏的。是以，如果在一信的這些詩中我們看不到在他這種年齡應具有的飄然出世氣質，與世無爭精神，而猶在掙扎，憤懣，躁動，激勵；仍有如一粒麥種樣既懷抱著春天復甦的希望，卻仍懍於寒冬的蕭瑟，這種得失難料的精神歇斯底里是可以理解，可以同情的。我們這些同行的旁觀者，又有幾人不是如此。有人說詩是詩人最忠實的心情反映，有什麼樣的心情，就說什麼樣的話，就有什麼樣的詩，這才是詩人真正可貴的特質。我讀一信的詩便發現他是一個非常具有這種特質，絕對忠於自己，忠於詩的良心的詩人。

一信很清醒，也很自謙，他的寫作態度一直非常的嚴謹。但在跋中，他一再的貶抑自己，認為自己才疏學淺，眼高手低，終身未寫出一首公認的好詩。對於這點，我非常不以為然，因為所謂「好詩」者也，實在難以界定。尤其在一切價值都多元，都混亂的今天，沒人可以定一個「好」的標準。很多被一評再評的好詩，我們看來多半強詞奪理；而許多真正的好詩，卻常被貶得一文不值，或根本無人聞問。這是一個自我意識高張的時代，很難使一件事被大家完全認同。我認為一個詩人最要緊的是要對自己負責盡職，好壞要先與自己爭。縱然世界已經失落了砝碼，自己心中的那把秤，還是可以衡量出得失。詩的追求永無止境，但時間是最終的裁判者。一信在「詩的化石」中說：

千年後
我的詩變成一塊塊化石
從久久而深深的埋沒中出土
比現今的存在
更堅實　更眞切

願我們大家共勉之，共實現之。

《婚姻有哭有笑有車子》讀後

／邱平

已先後出版了「夜快車」、「時間」、「牧野的漢子」共三部詩集的詩人一信先生，近復將其即將印行的第四部詩集——「婚姻有哭有笑有車子」之影印本，要我在先讀為快之餘，寫點讀後感想；雖然對我來說，這可算是破天荒的大事；不過，既讀之則必有感，有感而發，發而為文，所以，根據這樣的邏輯推演，我也就不揣愚陋的一抒我個人的些許淺見吧。

我和詩人一信兄相識，雖僅三年有餘，然由於當初步入詩壇時，都是在同一條起跑線上，早經相互賞讀過彼此的作品，可以說神交已久；加上他為人坦率，性格豪爽，所以，很自然的我們就一見如故了。

我細心從頭賞讀了一遍詩人一信的這本新著後，首先給我整體的感覺乃是，有如面對一個豪情萬丈的「牧野的漢子」；同時，很自然的我也聯想到，他的令公子青年詩徐大的結語：「豪、節、情、哲」四字，實際已經準確的道出了詩人一信的藝術之精髓。如「神晤李白」：

你我都曾是
醉中再乾一樽酒的人
都曾是
詩成再鍊一句詩的人
而你　竟能
蹈水捉月　在水中攫住歷史
　　　　抓住了詩
而我
僅能對月興嘆

「醉中再乾一樽酒……詩成再鍊一句詩」具見詩人之「豪」，引用歷史事件，以「竟能」二字，意在言外的透出了詩人對人生的了悟和哲思，是其「哲」；「世界為人生之逆旅，光陰乃百代之過客」，吾人日夕所聞所見，無非鏡花水月，轉眼即過，而惟一能攫住的也祇是歷史，能抓住的便祇有詩，此處「攫」、「抓」二個動詞的出現，使全詩繃緊了張力，則又恰當的表露了詩人對詩的熱愛和堅持，乃更見其「情」；短短不足十行的詩句，即能達到與詩仙的「神晤」之境，豈不又是詩人的「節」。當然，這「節」的含義，也許並非僅就字數而言，還應包含情感上的，即用情而不濫情；就我的感受，一信的詩，知性和感性都有，而以知性稍強於感性；再如：「茶之

恨」中

而你！你們！採我　摘我　晒我　熏我

又以　世俗評我

斤兩秤我

金錢買賣我

我　我成了什麼

以物喻人，道出人世諸多的不平和憤慨，而語言精鍊，節奏明快，鏗鏘有力，正是一信詩特具的風格。

在「路燈三式」中，詩人表達了對社會的關懷，和堅持正義光明的精神面。

我　固執地　抗拒

黑的陰　黑的險　黑之欺騙……

站著　挺直腰　昂然地　傲岸站著

用光的聲音向夜怒吼……

僅舉數例，以概其餘，總體言之，一信的詩所呈現的乃屬一種陽剛之美，而無論就情境意象，語彙句法，又時時可見其創新之企圖與成功的表現。

最後，特別要提及的是，這本詩集是詩人一信和其夫人結婚三十週年的紀念之作，集中抒寫婚姻生活、伉儷深情、天倫之樂，更不乏溫馨感人的詩篇。

如今，三十年終能攜手

踉蹌闖過

小屋前

兩頭白髮飛揚傲笑夕陽

意象瀟灑，情境飄逸，此情此景，能不使讀此詩的讀者，於欣賞其詩境之美的同時，復更欽羨其真愛永固，鶼鰈情深之美滿乎。

一九九六・一・十八・寫於北市文山有穀居

浴火詩人（代序）

詩焚你　你
眼睛與烈陽同炙與大風俱揚
語言狂飆
火舌吞噬文字

每個字入一朵烈焰
若著火刺蝟　在心中翻滾
也騰昇　衝成火鳥
延燒天空星群狂奔　吶喊
太陽月亮暗了又明　明了又晦
在焚火的詩句裡跳躍

你

被焚成如舍利子般的
一個字　一顆珠采
串連起來之一圈璣骨

也成　千年后
一捧花朵化石　或明日
一縷青煙

詩

生命勃動
形象：花開花落
節奏迴旋
文字：璣珠渾圓晶瑩
意境以檸檬黃涵潤山水

佛來拈一朵花
靈魂溶入一片葉　一瞬光
非樹　非台
乃
成一首詩

詩的化石

千年後
我的詩變成一塊塊化石
從久久而深深的埋沒中被發掘出土
比現今的存在
更堅實　更真切

這些詩化石
不是給考古學家去考證
也不供人賞玩
而是　由
詩生理學者去
測驗硬度　分析密度
有多少淚含量

有多少血含量
或多少愛的分子
　　恨的分子

但他們總是遺忘了測試
那些化石中
我真實生命細胞的百分比
及活體中受害後遺留之病毒的百分比

千年後　我詩的化石
終將風化成
一種元素　在
那個世界中
擴散成呼吸的空氣

神晤李白

你我都曾是
醉中再乾一樽酒的人
都曾是
詩成再鍊一句詩的人
而你　竟能
蹈水捉月　在水中攫住歷史
　　　　　　抓住了詩
而我
僅能對月興嘆

宋朝的一個詩人

攬不住唐朝的詩
創不出新韻的詞
寫詩　寫詩……
詩卻是一頭怪獸
咬齧他　啖噬他

大江東去
浪淘盡千古風流人物
他　非蘇軾
乃浪中人
且不風流
在詩路上

他　撿拾詩的殘肢
被屍毒所染　病重
垂死
無血無肉無骨
且未見詩　未識詩

詩之議

我不願再聽
那些煩瑣的議論
及囂叫　或詭辯

而我　祇是有
純真而善良的心
以精簡的語言
　優美的意象
顯現出　我

戰爭走開　政治走開
功名利祿也走開
當我浸淫在一個形象中

一切都走開

不是一片風景　一陣風光

是純樸的　詩　我是詩

我在另外的一種空氣中呼吸

閱書

翻開書
如同掀起一陣風雲
多少未知的變化
將一頁一頁地揭起

智慧的奧秘
也許是雷電交加暴雨遽下
或是雨後的光風霽月
也可能是深邃如太空之難測

閱書
祇有貪　祇有攫取
不饒過一句話　一個字

閱書
我多想從書中逸去
或成為書中的一句雋語　一個標點

閱書
生命又在點點滴滴地
累集知能　或是
一眼一眼地消失純真

書揭開了
是該深深地進入
或瞬即合上　因為我總想
讓自己在書中消失

登黃鶴樓

黃鶴是我的兄弟
數千年前旅此飛杳
它的血卻在我脈管中奔騰

日暮返鄉關登了樓
依舊是　悠悠之白雲與江上煙波
依舊是　多感的崔顥　無詩的李白
佇立五層樓頂
我竟又躍昇了千層

黃鶴　我的兄弟
三千年後　且看
你我誰更黃鶴

誰更白雲　誰更空悠

附註：崔顥詩「黃鶴樓」

昔人已乘黃鶴去，此地空餘黃鶴樓；
黃鶴一去不復返，白雲千載空悠悠。
晴川歷歷漢陽樹，芳草萋萋鸚鵡洲，
日暮鄉關何處是，煙波江上使人愁。

鐘錶的型體

鐘錶是圓的固體
時間是長的液體
從鐘錶中流出的時間
永遠回不去了

鐘錶是黑色液體
時間是白色固體
經鐘錶浸染過的時間
永遠不能再白色

鐘錶是肉體
時間是靈魂
沒有鐘錶的時候

才有真正的生命存在感

鐘錶是我　時間是你
當我死亡
你的生存中再不會有對我的記憶

鐘錶之聲

嘀答　嘀答
時間從我顏面上踐踏而過
我乃　分秒不停變幻著臉
哭臉　笑臉　喜顏　怒顏
歡容　哀容　……
有時激盪成獸面　魔面
或儼成一張凜然之臉

嘀答　嘀答
時間也壓迫我不停地走
從凌晨走至晌午
從晌午走至黃昏
再從黃昏走至黑夜

由黑夜再走至凌晨
我　究竟要走到那裡？

噹……噹……
時間從指針上
踐踏我呼嘯而過
我忽然感到　祇賸下破碎的時刻了
忍看眼淚告訴自己
走吧！且不管走到那裡
走！悄悄地順時針方向走

日曆的臉

每天都擺出一張不同的臉
有時是笑　有時是哭
有時洋溢著興奮與快樂
有時隱含著哀怨或憤怒
大多時候是
一張平凡又平常的臉
平凡又隱藏著很多情緒的臉
這張臉　曾有母親的臉
曾有仇人或情人的臉
也曾有高山的臉　大海的臉
也曾經是一朵小花的臉
怎麼看都不是自己的臉
最後　變成一張和尚死亡了的臉

哈哈鏡

走進鏡子
有種好笑又笑不出來的感覺
欲衝出鏡子　卻被鏡面反射彈回

多年與頃刻　許多
相同又不相似　相似又不相同
被扭曲在鏡子中　的人
想搶進到鏡底的水銀中　或
衝出鏡面　都不成功

祇有許多許多茫然
溢出鏡外

婚姻有哭有笑有車子

來時路

——結婚三十年紀念贈妻詩之一

三十載了　我們曾攜手
從禮堂走進雲中
從雲裡走進風雨中
從風雨裡走進水火中
從水火裡走進荊棘中
如今　帶滿身傷痕
相互笑著
在溫馨小屋中
飲　汗與淚釀成的
甜美瓊漿

回憶幽幽地彈響
往昔的悽愴曲

曾有囂張的黑手
推我入恐怖之山谷
死神的猙獰惡面　逼向我
且　揮巨掌擊殺我
是妳以戰慄而柔弱的小手
拉回我於死亡絕壁墜落之頃刻

如今　三十年終能攜手
踉蹌闖過
小屋前
兩頭白髮飛揚傲笑夕陽

我妻　在此紀念之光環中
攜子媳　獻妳此詩

及我滿心的愛

兒子們

——結婚三十年紀念贈妻詩之二

由妳乳房上掙扎出去
被玩具車哄走為吃糖回家的
被腳踏車騙走為吃飯回家的
被機車飆走為拿錢用回家的
被一輛汽車邀走為送錢給妳用回家的
——一節節長　一圈圈壯
　由妳餵養大的四個兒子　及
用笑與愛來風光妳的　媳婦
今天把歷史記載擁擠成二十九孝
以花與酒來突顯這一天
將愛揉搓成歡樂成奉獻成啣著一隻小蟲
回哺妳　這一天

身體力行「家獨」政策的兒子們
嚷著：照一張「全家」福

三十年了　來
照一張有媽媽味道的
　　有連續刻味道的
　　有關愛與感觸味道的
　　有往昔苦酸如今甜香味道的
　　及濃郁血脈味道的
　——全家福

妳笑了

每一次容顏都風光　都燦爛
每一個姿式都繪畫　都雕塑
又風度成一株
永不凋謝的純白　且愛笑的玫瑰

笑了　自嘴角
飄逸出一道虹
笑了　眸子中
飄出許多花朵

風華姿成　藝術
藝術美成　風華
笑了　笑成一首
美的詩

春已老？

妳憔悴在我憐惜中
黯然地悄聲：春事已了

多少春風春雨向晚街頭
及多少艷陽花炫　色綻蝶狂於
妳嬌喘之山間小道小屋
相知的感相擁的情相裸的軀
懼慄的心準備相捨的命
都在這聲：春事已了
了卻於今日今年
或今世今生

已老的春為何不能

縱花再綻再放　再艷呼再嬌叫
已老的軀體為何不能
再裸再激情再縱情
再於恐懼中不懼一切

真的是春已老春事已了？
妳　再聽不到我體內慾的高呼
與春情的咆哮

不要憔悴不要春老不要春了
且由我們回首
褪褫世俗　褪褫虛偽
浴春事　戀春光　繾綣春宵
忘盡任何季節
　任何氣候
　任何氣象
儘是：繾綣春事中

生死相許　死生相擁　生生死死相報

妳　別再黯然悄聲說

春已老　春事已了

玉澤晶瑩

每寸皮膚都燦爛
每絲肌骨都晶瑩
光澤中溢出和婉的笑容
展現風姿自成熟之溫潤

歲月巨輪轉動歷史縱深
歷史幾度山崩地裂
埋卻無數世紀的記憶　惟
明媚的笑容
卻來自遠古的一次偶然

歲月巨輪轉轍寬廣
歷史橫斷面熠熠生輝

乃由一次次採採高山之腹
腹孕之寶一次次孳生　經
巨手琢巨手磨　巨手彫巨手塑
成型　成品　成器
成晶瑩　成潤圓
成珍　成寶
成我之最愛

悄然而過

那個男子悄然而過
沒有榮耀
沒有名望
平平凡凡地
悄然而過

悄然而過
不曾嘆息
也不曾悲怨
就這樣走著走著
悄然而過

也曾有過希望

也曾有過企盼
但最後什麼都不曾有
祇默默地　茫茫地
辛辛苦苦　黯黯忡忡
悄然而過

遙遠的自己

我的一雙腳
一隻走向前
一隻走向後
把我自己與自己
越走越分開

我的兩隻耳朵
一隻聽甜言蜜語
一隻聽斥責怒罵
把我的聽覺與感覺
搞得遠之又遠

我的兩眼

一隻看好
一隻看壞
將世界看得一裂為二

如今　我自己
把自己狠狠地一裂為三

魚躍

使盡全力　躍起
躍出水面
瞬又跌回水中

為何我不能
如飛翔的鳥　在天際騰揚
或如一朵雲　漫然地
在太空遨遊

而我必須　困於水中
逐食小魚　且
躲避大魚的吞噬
與網罟之搜捕、

躍起躍起躍起
我要躍上青空
永遠離開這
永遠離不開的水中

飛我

何不　騰地而起
衝上九天　在
九天之外　放誕自己
為何　祇能站在地上
坐在椅上
臥在床上
最後埋在土中　腐滅自己

何可　衝離世塵　衝破大氣
衝上十天
化神化仙　或是
只化成一片雲

昇華自己　飄泊自己

飛　飛　飛

凌詩飛上天外之天

　　逸出世界之世

羽化自己　風逝自己　幻虛自己

北宜公路

彎曲又彎曲地
蜿蜒成一條路
高低起伏於
車輪下　腳下　茫然的眼光下
這是路　這是路　彎曲的路　不平的公路
我曾多少次多少年月在多少風雨下多少無奈地
走過這條公路

為何？我走的路如此曲折而不平
那峰的蠻橫及谷內的陰險
如此地強烈予我心痛的反射
這條路我是要過的
我也等待著山崩地裂

無名之樹

樹不懂阿諛地站著
風雨來了也不彎腰
卻一再搖擺著
　想換個較好的位置
風說：做夢。沒將他連根拔起
　就已經很不錯了
雨說：別想。沒將他枯死
　就已經是恩德齊天了

樹站著　呆站著　傻搖著
一天　我看見了這棵樹
果然是好樹好料
想著　我死了可用他作棺木
一起入土為安

陌生人

來自何處？　去到那裡？
鄰人在那裡？　兒伴在那裡？

陌生人
滿耳犬吠
踩兩腳生疏　睜兩眼茫然
陌生地　峙在這裡

聽不到熟悉的聲音　看不見熟悉的面孔

陌生人
用別人臉上的冷來洗自己的臉
啃永煮不熟的岩石流饑
怔怔地　陌生在這裡

花開在那裡？葉落在那裡？
聞慣的泥土氣味在那裡？
一座陌生的墳墓
癱在這裡　癱在這裡

草原中的蒲公英

一樣地綠一樣地枯萎
在草原中　我被風吹播來
　落地生根茁長　卻不被認同是
這一片大草原中的一株草
被叫作
蒲公英　我的種子
也被風吹雨打播散
仍叫作　蒲公英

蒲公英！蒲公英！
無力自主被風颳播的蒲公英
被雨被土迫羈生長的蒲公英
牛羊豬狗踐踏的蒲公英
無奈又無奈的　蒲公英

失眠

生命
走不進歷史
事業
攀不上輝煌
今晚竟然是
疲憊卻入不了睡眠

不想屈原　不想曹操
也不想李白
只想不在身邊的妻

沒有歷史　沒有輝煌
沒有詩　沒有酒
今晚　我祇想無夢的睡眠

風起雲飛我欲歸去

雲飛揚　雲飛揚
我欲乘風掩日蓋月
昂首長駛天宇
暢行往　去澤深處
我本生於天上
歸啊！歸啊！
歸我蒼穹之故鄉

雲飛揚　雲飛揚
冷凝成雨　傾瀉而降
混沌於土　滋養地疆
我本來自地上
歸啊！歸啊！

歸我土壤之故鄉

歸啊！歸啊！天涯！天涯！
去澤深處　土壤深層
皆我故鄉　皆我故鄉
我欲歸去　歸我故鄉

六十自吟

舉起雙臂　向空揮拳
含淚狂吼　也含淚歡呼　也悲憤歎呼　三聲
我六十歲了？我六十歲了！我六十歲了。
而我　是在這有地的球上滾騰一甲子了呵！

我不再是賭徒　也永不再是賭徒
不用命運、生命去豪賭什麼了

我已變成酒徒
時醉時醒地浮沉在
迷惘與清明波濤中

愛情之浪嘩退　親情之潮湧來

廣闊的
世界　驟然　變得
　　狹小了
早已洞悉了天命　仍不服地
緊握雙拳　吼著重複追問自己
還有什麼？還能有什麼？
還要什麼？還能要什麼？
（八五．八．八再修正）

茶之風華

十年　百年　千年
一種風姿　一種儀態
色上　味上　壺上　杯上
風華了出來

多親近的遙遠　多古典的現代
呼喚起舌興與意興的靈魂
風華出風雅　風情　風味　風韻

溫潤的馨香

洗盡庸俗　滌消功利
妳的風華　於我
是此生不離的崇高之戀

茶之志

花艷算什麼？
戀愛又算什麼？
和尚牧師能算什麼？
牛肉狗肉妓女及諂笑又算什麼？

馨香才是了不起
我　就是　一種
以馨香結交天下士　的
一種　我

一種有品格個性馨香
一片葉一朵雲一隻鶴一首詩
古典　浪漫　現代　後現代

縱橫空間時間
古今中外千秋萬世
有志的　一種
我

茶之放誕

喲嗬！我要飛騰於你等之天之上
及你等之飲之嗜之好之雅　及
之飯後醺醺然之
騰空昇起　於
不是煙霧而煙霧之茫然
不為冥想而冥想之超然
一種現實中的超現實
且呼喚　意識中的潛意識
潛入　潛入在
色香中無視味覺的幻覺裡
無動感的舉杯啜茗默動中
喲嗬！躍起啊！

躍起　於
天下共識的舉杯中　來
鄙視　酒的輕狂　煙的卑俗　檳榔的粗魯
而　躍起　在
高然風雅　及
掙脱名利枷鎖片刻之心靈純度感受
及一陣清風上
明澈的眼睛　清爽神態
喲嗬！　你　與我一起放誕在
一杯騰空昇起　感動中

茶之恨

以狷介之風骨　踞傲之姿
歷酷風　炙陽　旱灼　寒凍
及諸多苦難甚至煎熬　我
生在山間　長在山間　活在山間
枝葉伸展在山間　花朵綻放在山間
這是我　我啊！
而你！你們！採我　摘我　晒我　烤我　熏我
又以　世俗評我
　斤兩秤我
　　金錢買賣我
我　我成了什麼呀！

我認了我認了我認了
我無奈地認了
我痛苦地認了
我絕望地認了
任你　任你們　任你們這伙兒
用滾水泡我
取我精　飲我汁
最後　傾倒我於污濁的溝渠中

我認了　這輩子我認了
對你　對你們　對你們這伙兒
晒焙我成為需用之形體的這伙兒
買賣我牟取利益的這伙兒
沖泡我作飲用的這伙兒
利用完後傾倒我入溝渠的這伙兒
我認了！我認了！

酒之詰

我以生命的血滋潤你
而你　卻濫於狂醉　泛於昏亂
你與我　究竟是誰不該存在於這世界
或是　沉醉與囂狂　比
酣酡香醇　微醺飄然
更能存在你我

我的血　我的生命漿汁
本是輸給你以甘美　且激你
意興風發而飛躍超逸

而你
偕紂王昏醉於酒池

與曹操放歌人生幾何（註一）
和李白邀明月狂舞（註二）
同王翰醉臥沙場（註三）
共羅隱今朝有酒今朝醉（註四）
我怎能　要你促你逼你
灌頂以醍醐

我的生命我的血我的乳漿
將衹能夠　釀成一種
醉生夢死　釀成一種
昏亂狂暴　釀成一種
囂笑怒罵　釀成一種
憤怨悍怒　悖謬愎鬧　惆悵忡懣
釀成　悲而又悲的
鬧劇

從遠古到現代

我不停詰問
你與我　究竟是誰不應存在於這世界
或是　不應存在的是這世界

（註一）曹操《短歌行》：「對酒當歌，人生幾何？譬如朝露，去日苦多。……」
（註二）李白《月下獨酌》：一「花間一壺酒，獨酌無相親，舉杯邀明月，對影成三人。月既不解飲，影徒隨我身。暫伴月將影，行樂須及春。我歌月徘徊，我舞影零亂。醒時同交歡，醉後各分散。永結無情遊，相期邈雲漢。」二「天若不愛酒，酒星不在天，地若不愛酒，地應無酒泉。天地既愛酒，愛酒不愧天……」
（註三）王翰《涼州詞》：「葡萄美酒夜光杯，欲飲琵琶馬上催。醉臥沙場君莫笑，古來征戰幾人回？」
（註四）羅隱《自遣》：「得即高歌失即休，多愁多恨亦悠悠。今朝有酒今朝醉，明日愁來明日愁。」

戰鬥機

凌空而行　傲然俯視萬物於渺小
我之飛馳　我之鋼骨鋼皮
能震懾眾生一如雷霆電狙
係我無血無肉無心
無知無感悍然機械於
凌空　而行而動
而是你們
製造我乃無情無義無廉無恥
役我於殺戮　虐害　毀滅眾生
傲然俯視萬物　生的渺小與悲哀
傲然狂笑於天
傲然於你我的共同無智無憫

枯井

往昔　曾奉我為生命之泉
日日靠近我
汲取我涵滋而養育
　　而成長
　　而茁壯
而卓然傲立於世的興盛

而今　棄我於不顧

終年遠離我
任我枯涸　任我荒廢　任我廖落
任我寂埋於今世
（訪某養老院歸來有感成此詩）

殞星

急劇下降
以磨擦成火的速度降墜

不再　閃耀空中　已
焚身於世　殘骸成塵成灰
與泥土同淪同污
同被踐踏

自空際紛紛在夜暗中
殞落的一群
消失於
已熄滅的一閃之微光
被踐踏殘骸於不屑與遺忘

老兵

我們踩著的
是泥土？
是泥不是土？
不是泥是土？

或祇是
懸空地在走著
走著走不完　而即將走完的路

用頭顱走路
用叫囂、悲憤走路
用盲了的眼走路
用卡著的喉嚨走路
或是　沒有泥　沒有土　沒有路

豬與人

人之養豬是為
食其肉　其血　其內臟
用其皮　其毛　其骨頭
而可罵其貪　罵其懶
顯現人的聰慧　能幹

憨蠢的豬永遠不懂
為何部份的人
在戰爭中兇殘殺其同類
在名利欲望中
　攻訐別人　打擊別人
誣蔑別人　設計別人
甚至用陰謀陷害別人

而如此殘忍　卑鄙

豬永遠是蠢笨的豬
被養而屠之還遭辱罵
人永遠是聰明的人
養豬罵豬殺豬而獲其利

三吟有感

送走猴年

猴子要稱王
一定得先打敗其他猴子
所以就攻擊成性

猴子的名堂最多
索子套住牽著
牠會跳火圈、翻筋斗
敲鑼打鼓　人模人樣

幸喜　我們是人　不是猴
看著猴子要把戲感到好笑

冷眼看雞年

除了野雞
若非瘟疫、意外
無論是土雞、飼料雞、鬥雞、報曉雞
甚至翼護小雞的老母雞……
最後都是被殺而烹食
也有被用之祭神拜鬼

幸喜　我們是人　不是雞
不鬥、不搶食、不被餵食
我們是有理想的詩人
看雞群去鬥、去爭、去搶、去被餵被養

詩人　詩人

我們是人　我們是詩人
不會被名利之索套著要把戲

也不會為好名、權勢攻擊他人
李白是詩人，敘志抒懷而吟詩
杜甫是詩人，關懷社會關心蒼生而吟詩
……………………………………
我們也是詩人　新年中
應為弘揚詩教而寫詩
要為追求真善美而寫詩
為抒大仁大義用大智大勇寫詩
不會為私慾而寫無品之詩

狂飆的羊毫

一支羊毫筆　竟然有
狂飆的威勢　烈日的彩輝
竟能描繪出
一種艷遍全世界的花
　　飛翔全世界的鳥
　　彩霓全世界的虹
一種爬過全世界的昆蟲在爬　在覓
一種傾瀉所有人心中的瀑布在衝騰
一種栩栩生於千百年前的人物與當代人神交
大千先生　以一支羊毫筆
揮出奇蹟　將中國的
山水　人物　蟲蚧　花卉……
繪寫在世界藝壇的頂峰

再登黃鶴樓

——憶騎鶴仙人

昔日　你騎黃鶴
欲去那裡？究竟去了那裡？
你是憤世嫉俗　要遠離這裡塵纏糾葛
抑係澹泊自甘隨緣而去　隨遇而安
或　向不知處展開冒險生涯

築一座樓與你何干？
流傳萬古而紀念你？
實際上真與你無關
去了就永遠去了
一切就了無掛念　無感無覺的去了
白雲深處　蒼茫處　煙霞飄緲處……
去了！黃鶴去了！騎鶴仙人去了！

橋

伸出臂攬住妳
再不壁壘絕谷
再不江海浪濤
再無事物阻絕我們
我們緊挽著
以愛為途
走更長更遠的天涯路

伸臂相攬
忘卻已往不快
昔日在風風雨雨是是非非苦難中
相時　相拒　相對　相抗
甚至相惱相根相殘

魔如長夜惡夢
醒啊！且長身而起
讓我們伸臂互攬緊握
以血管凝固成鋼骨　血肉成水泥
築跨越之橋成坦蕩之路
走向共同摯愛共同幸福的
途　程

老年愛情

玫瑰花上艷麗愛情
水仙花上嬌柔愛情
一朵小小菊花上
也荏弱出許許多多
憐憐惜惜的愛情　於
往昔的刻意或不經意
蜕皮般已一層一層地脫落

如今　恣笑中　恣意裡
愛情在計算機上　電腦上科技
或於時光隧道
品一種服飾　傢俱復古
或翻滾在舌上胃裡的肴或一棟房子

這麼地　兌
愛的成份　愛的元素
若氧化或昇華
都將消失於晚間的電視連續劇裡

有一叢乾燥花
勉強而尷尬地花著
定睛詳看　竟是
老年愛情

我不投票了

一張選票上
　怎會有那麼多笑臉與哭臉
還有　充滿哀怨與憤慨的臉
　　虛偽或誠懇的臉

一張選票上
　竟有那麼多哀告與謊言
以及咒罵和囂吼的聲音
以及攻訐與打擊別人的聲音

嗨！我還是用
洒脫的笑來洗自己的臉吧！
並且哼一曲　自己愛哼的小調
我不投票了啦！

選票的臉

這張臉
看是方的　又似圓的
看是笑臉　又似哭臉
看是包拯的臉　又似嚴嵩的臉
又似孫中山的臉
又似袁世凱的臉

多少企盼　痛苦　怨憤
都累積在這張臉上
都表達在這張臉上

而這張臉
　有時是高貴的臉

有時都是無恥的臉
有時會變成貪鄙或恐怖的臉

這張臉　是有情卻又無情的臉
是你的臉　我的臉　也是他的臉

競選海報

每個字都冒火
每句詞都刃都刀都槍都炮都炸藥
而且　瘋狂地衝向人
攻擊人　傷人　毀人

那些有顏色的
海報
每幅圖都想用顏色染你
而且　哄你　騙你　影響你　溶你
溶你和它們一樣的顏色
　　　一樣的容貌

貼著的海報

搖著的海報
掛著的海報
在街頭塞進你手上的海報
投進你我信箱的海報
海報……海報
我不看競選海報了

謠言

一豎耳　就被塞進一把謊言　它
污染　以聲波
且以　極其曖昧的
眼波　及其餘波
再污染

誰是清白的？
太陽　月亮　星星都可作證
因為　他們是不需空氣
他們置身事外且置身天外
而且不屑於公正不公正

清白或污濁並非真假或需不需要

只是呼吸後　死與不死
或比一比誰的聲音大嗓門高
好玩不好玩而已

要呼吸不可能沒空氣的
而空氣中不可能無謊言的
結論是
怕污染就別活在這世界上

過橋之後

有了橋
再無鴻溝　再無阻隔　更無絕路
遠大前程在你面前展開

過了橋　別拆掉
後面還有要通過的人

過橋回顧
我們是踏著它過來的
沒有它　過不來　也走不上這條路
所以　絕不要坑殺造橋人

那年

走入
族群火燄焚燒　瀰漫的
狼煙地帶　與
政客刀客財閥飆車者偽善者
所佔據的
殺戮地帶
以及　一個老年人訴說的
悲哀地帶

陽光或風雨
也許陰霾
無奈　了無心願
冷漠走著很多數字中的一組數字

夏　夜

一脈液體　從固體中溢出
燠熱中溢清涼
囂燥中溢靜謐
溢成流動的幻想

透明的琉璃黑中
什麼都瞭然
不用眼　也
什麼都瞭然

不是蝙蝠或貓頭鷹之同類
是心靈紫外線　及繽紛色彩
綜合投射於

一片海　或一宇天
或一朵飄流之夜雲上的
瞭然

意念之瞭然　逸出夏
逸出夏之我——
夜中之我　成了一種幻覺　或
成佛
成獸

端午節

被後現代浸泡透了　這一天

蛇纏繞了又纏繞
堅持：蛇比人好　人比科技好
妖精比修行的和尚好
和尚比哲學好

幾次抗議大遊行後
鍾馗早已不抓鬼了　也不除五毒了
為了生活　躲躲藏藏地
因為他現在
怕鬼　怕毒蟲　甚至
連狗　老鼠　蟑螂都怕了

屈原仍然醉酒
醉後老是不清不楚地
談政治　談節操　談忠臣　談奸臣
最後　講水　講水藻　講泥沙
——他忘記曾喝過酒
——他忘記了離騷　忘記了詩
——他忘記了楚國　忘記了屈原

高速公路塞了一天車後
一切都過去了
白蛇傳是一齣青年人不看的戲
鍾馗正努力競選民意代表
屈原與靳尚一伙人溝通及協商順利
有一條龍變成了一隻舟
很多人坐在上面划著競賽　——或許是玩耍
端午節　過去了

秋

幾朵雲　幾片楓葉
在很清淡的風中
任意地
飄　旋　落

秋很可愛
輕輕地不爭什麼
淡淡地不求什麼
慵慵地飄旋一陣子

秋從來：
不孔子不關公　不佛陀不耶穌
不原子不核子　不冰雪不花朵

秋　就這麼
不冷不熱　不威不勢
幾朵雲　幾片楓葉
飄一陣子　慵一陣子

中秋月

千萬年前是中秋月
千萬年後將仍是中秋月
在中天是中秋月
偏在邊天　仍是中秋月
皎潔高懸　是中秋月
被雲掩遮　仍有中秋之月

月　不到中秋仍是月
月缺月圓都是月
中秋月究竟是什麼月呢？
月不是我　我不是月
月究竟又是什麼呢？

除夕〇點

站在沒有時間的空間
以左右兩眼　睥視過去　未來

過去有一匹馬　本應奔騰馳騁
惟頸蹄受傷
馬老　且拖破車

未來有一隻鷹　本應展翅翱翔
但羽翼無力
且在大的鐵籠之內

老馬拖著破車逝去
老鷹在大鐵籠中
鬱鬱盤旋在日月交錯影中

路燈三式

路燈（第一式）

一盞路燈　佇立在這裡
夜暗時　它照亮這裡
同時　它也將愛　將熱情
散發在這裡

它愛這裡　願獻身在這裡
縱有風雨　烈日襲擊　欺凌
縱然孤寂　時間煎熬　腐蝕
它永不改初衷
定定地佇立在這裡

看見車輛平穩地駛過這裡
行人來來往往安全地通過這裡
情侶們幸福地相擁在他腳下走過
老年人牽著幼小的兒孫
孩子們蹦蹦跳跳
生意人匆匆忙忙
……………………
都不受黑暗的阻礙
平平安安地經過這裡
它安慰地微笑了

在夜中　路燈
它有一絲熱發一份光地
佇立在這裡
獻身在這裡
將愛心
轉化成熱熾的情感

永遠散發在這裡

路燈（第二式）

在漫黑的夜
固執亮著

我　固執地　抗拒
黑的陰　黑的險　黑之欺騙
黑之逼人無知

黑不應掩蓋一切
黑的無盡罪惡中
我要亮著
那怕祇是一點微弱的光
也要固執亮著
讓走過此地的人
看得清要走的路

路燈（第三式）

站著　挺直腰　昂然地　傲岸站著
用光的聲音向夜怒吼　且
垂直　平射　斜射　仰射　向
可能達到的遠方　擲射光的聲音

誰曾這樣站過？他為什麼要這樣站著？
如果　我不是為剝光夜的陰惡罩袍
把夜的偽妄　險毒撕碎
我會這樣站著嗎？

縱然
夜無畏於我用光的吼叫　且
不屑於我光的投射
用黑重重包圍我
以強力之魑魅魍魎魘壓我　我

每一絲光都被擠壓

而我　我
我不會消溶於黑於夜
我站著吼著堅持著抗爭著衝激著……
我堅毅站著　固執地發光　發光　發光
我是一盞燈呀！小太陽似的一盞路燈呀！

我有話要說不是詩

常有人問我，什麼是新詩？是不是文字分成一短行一短行的就是新詩？或者看不懂的才是新詩？現代詩？

筆者回答很簡單：你將詩先連接起來讀一讀，如果與散文、論文、格言、標語、口號，沒什麼分別，那就不是詩；因為詩是有形象、有意象、有意境、有言外之意、弦外之音……

同樣地，若一首詩你一讀再讀，仍然不知所云；放了兩三天再重讀，仍然不知所云。那你就不要認它是詩，雖然全世界的人都說是詩，你自己卻要確認它於你絕對不是詩，不如認為它是謎語、符咒、或作者的文字遊戲，甚至可認為它是在故弄玄虛唬人，千萬別強作解人，怕人笑話，而硬跟著別人說這是詩。

個人始終認為：寫詩是「我有話要說」才寫詩的，不是為了「要做詩人」或「要寫詩」而寫詩的。

可是當「我有話要說」時，說出來的不是詩，用文字敘述出來的也不是詩，要用文字「表現」出來的才是詩。

但是，為「表現」而「表現」，缺乏豐富內容的仍不是詩；就是說：沒有內容，祇有表現技巧的，仍然不能算是詩。

「我有話要說」而藉文字以藝術方式表現出來的才是詩。也就是說，有了好內容，再用好的表現方法寫出來的才是詩。

「滄浪詩話」中曾說「夫詩有別材，非關書也；詩有別趣，非關理也。然非多讀書、多窮理則不能極其至。所謂不涉理路不落言荃者上也。」簡淺的說就是「寫詩不必要寫出作人做事的大道理，但寫詩的人一定要深知作人做事的大道理，否則就寫不出好詩。而且寫詩要沒有一點敘情論理的跡象，而情理自然涵蘊其中讀者體會出者才是好詩。」這也不就是敘述出來的不是好詩，表現出來的才算好詩嗎？

但表現的方式，一定要能將作人做事的大道理自然地涵蘊其中。若悖情背理，矯飾造作，甚至模糊晦澀，故弄玄虛，誇炫謂之為表現技巧，是不能稱之為好詩的，連究竟是不是詩也要作良心鑑定。

筆者不敏，終身無所嗜好，唯一愛者，詩也。惟讀詩寫詩雖已四十餘年，可惜終身未寫出一首公認的好詩，甚至連自認為得意的詩也極少。這固然是因筆者才疏學淺且眼高手低，無法寫出有好內容且又能以好技巧表現出的好詩，因而雖有其心、有其志想寫好詩，惜學未逮、力未逮，終未能如願。多次停筆檢討，自認為其主要原因，乃係筆者雖多方實驗，從很多角度與很多方式試寫，但至今仍未找出一條能讓筆者儘情發揮的詩路；因此，也無法讓筆者寫出一些志滿意得、可流傳萬世的好詩。可是，筆者終其身是不會放棄這項努力的。

筆者堅認，以中華精神為內涵，運用各種不同的表現技巧，仍是目前我們創作好詩的最佳途徑。這本詩集，就是在這種詩創作觀念下所寫的作品，現結集出版，謹請指教，並草成此文，忝以作為跋。